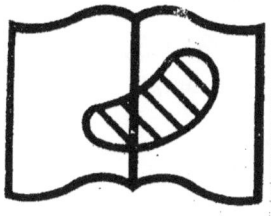

Illisibilité partielle

Contraste insuffisant
NF Z 43-120-14

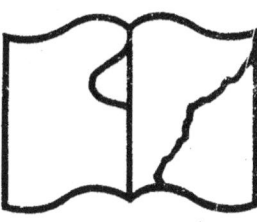

Texte détérioré
Marge(s) coupée(s)

Valable pour tout ou partie
du document reproduit

Couverture inférieure manquante

Original en couleur

NF Z 43-120-8

LES OUBLIÉS

LOUIS NOEL-DAMY — JOUX J.-B. MAURICE

PAR

Max. QUANTIN

AUXERRE

IMPRIMERIE ET LITHOGRAPHIE DE GEORGES RODILLE

—

1887

(12)

LES OUBLIÉS

LOUIS NOEL-DAMY. — JOUX J.-B. MAURICE

Par M. Max. Quantin.

Séance du 8 Février 1887.

LOUIS NOEL-DAMY.

Il y a des hommes dont la vie se passe d'une manière obscure et sans éclat : leur modestie naturelle les retient au moment où ils pourraient révéler ce qu'ils valent et ce qu'ils savent. Ils sont appréciés par quelques esprits d'élite qui ont pu les approcher, mais les occasions de se faire connaître ne se sont pas présentées à eux; ils ont laissé passer le temps, la mort couvre leur tombeau et tout est dit pour eux! Les hommes de ce genre n'étaient pas rares autrefois, et ils semblaient aimer l'obscurité autant qu'à présent on poursuit ardemment la publicité. Tel fut Louis Noël-Damy, à Auxerre, au XVIIe siècle. Son origine, sa naissance et sa première jeunesse, toutes ces circonstances sont conjecturales. Ses contemporains n'en disent rien; et l'abbé Lebeuf lui-même, qui avait de bonnes raisons pour ne pas le négliger, n'en parle pour ainsi dire qu'incidemment et fort lestement, l'appelant « M. Noël, qui, pour avoir trop embrassé, ne publia rien (1). »

Les écrivains qui ont parlé de Louis Noël avant nous ont assuré, en se copiant les uns après les autres, qu'il était né à Châlons-sur-Marne, à la fin du XVIe siècle. Rien ne le prouve. C'est l'origine des Damy, les parents de sa mère, qui a fait supposer cela. Nous sommes porté à croire qu'il est né à Auxerre; voici nos raisons. En 1622, sa mère, Louise Damy, veuve de Claude Noël, achète 26 livres 14 sols de rente (E 494, arch. de l'Yonne).

(1) Voy. *Lettres de l'abbé Lebeuf*, etc., publiées par MM. Quantin et Chérest, Auxerre, 1866, t. I, p. 357 et t. II p. 248.

En 1635, la même veuve Claude Noël y possède une maison tenant à celle que Louis Noël achète du Chapitre d'Auxerre (G 188).

Louis Noël donne à bail, en 1639, le quart d'une maison sise à Appoigny (E 694).

Enfin, en 1677, il vend ses biens d'Appoigny consistant en un grand nombre de parcelles de terre, et des rentes à Auxerre et à Saint-Georges. On doit croire que s'il eût été originaire d'un pays étranger il n'aurait jamais acheté des rentes et des biens ruraux qui sont divisés en 27 parcelles.

Ajoutons qu'il existait au XVIIe siècle d'autres Noël à Auxerre. Le registre de catholicité de la paroisse Saint-Regnobert fait mention, au 24 mars 1623, de la mort de Marie Noël, femme d'honorable homme Claude Daulmay.

Louis Noël, dit Damy, du nom de sa mère, paraît donc être né à Auxerre, à la fin du XVIe siècle. Il était probablement fils de Claude Noël, dont la veuve « honneste femme Loyse Damy constitue, en 1622, à noble Edme Thierriat la somme de 26 livres 14 sols 2 deniers de rente moyennant 425 livres (1).

Le nom de Damy, que Louis Noël réunit à son propre nom (2), le fit confondre plusieurs fois avec les Damy, dont le premier fut vicaire général de plusieurs évêques d'Auxerre et le second, son oncle maternel du même prénom, chanoine et lecteur de la même église (3).

Le père de Louis Noël s'appelait Claude, comme on vient de le voir et comme il résulte de l'acte de vente d'une maison canoniale que fait audit Louis le Chapitre cathédral, le 12 mars 1635 (4). Sa profession est inconnue.

On ne sait rien sur l'éducation de Louis Noël, mais tout fait présumer que son oncle Gaspard Damy, le jeune, n'y fut pas étranger, bien qu'il soit mort au mois de décembre 1614 (5). Et même, si l'on en croit Dubuisson-Aubenay (6), Louis Noël aurait succédé immédiatement à son oncle dans son bénéfice. Cela n'a rien d'impossible bien que Noël fût encore très jeune, car on parle

---

(1) Arch. de l'Yonne, E 494.
(2) Il signait ordinairement Noël Damy.
(3) Lebeuf, *Mémoires sur l'histoire d'Auxerre*, t. I, chapitre des Lecteurs de l'église cathédrale.
(4) G. 1887. La veuve de Claude Noël existait encore alors.
(5) Lebeuf, ibid., t. I, p. 808, in-4°.
(6) *Itinéraire en Brie, Champagne, Auxerrois*, en 1646, par M. Dubuisson-Aubenay, Ms. Bibl. Mazarine, n° 2694.

alors de jeunes chanoines qui continuaient leurs études au collége des Jésuites. Quoiqu'il en soit, en 1626, il figure sur un catalogue des chanoines de la cathédrale (1).

Louis Noël posséda longtemps la maison qu'il avait achetée du Chapitre en 1635, et la revendit le 27 septembre 1674, alors qu'il n'était plus que « chanoine vétéran », à son cousin noble Pierre Bombille, ancien curé d'Accolay, devenu chanoine à sa place. Cette maison, située dans le cloître, tenait par derrière à une autre maison qu'il y possédait (2).

Comme on le verra dans la suite de cette notice, Louis Noël employait les loisirs que lui laissait l'exercice de ses devoirs canoniaux à étendre de plus en plus ses recherches sur l'histoire du diocèse d'Auxerre. Il obtint, on ignore à quelle époque, la charge de notaire apostolique (3), qui, conférée par l'évêque, donnait le droit de recevoir et d'expédier les actes en matière spirituelle et bénéficiale (4).

En 1663, il devient grand vicaire du grand-aumônier de France, le cardinal Barberini, à qui il prête son concours pour la réforme des hôpitaux dans le diocèse d'Auxerre et les pays du diocèse d'Autun qui en étaient voisins. Dans une lettre de la même année, à son cousin Noël (5), qu'il prie de le recommander au cardinal, il promet « de faire voir les grands sacrilèges qui se commettent dans la plupart des hospitaux et maladeries dépendans de son Éminence. » Et il ajoute : « Si j'avois autant de crédit que de connoissance des lieux qu'il m'a recommandés par sa commission, je ferois restituer plus de 25,000 livres par an aux pauvres, qui leur sont ravies dans ces misérables années. »

Louis Noël prenait donc ses nouvelles fonctions au sérieux. Il visita les hôpitaux du diocèse d'Auxerre pour en constater l'état et y apporter les réformes réclamées par les abus que les malheurs des temps y avaient laissé introduire. Et comme son âge lui ren-

(1) G. 1800. — Un extrait des conclusions capitulaires, à la date de l'an 1678, porte que Louis Noël avait été chanoine pendant 60 ans, et avait, en 1674, résigné en faveur de Pierre Bombille, moyennant 120 livres de rente. (G. 1854, p. 74).

(2) G. 1887.

(3) En 1636, il se qualifie déjà ancien chanoine, notaire apostolique. (Lebeuf, *Preuves*, n° 296). Le 12 août 1659 il certifie en cette qualité quatre copies de chartes des XII° et XIII° siècles tirées du cartulaire de l'abbaye Saint-Germain d'Auxerre (H. 1166).

(4) Denizart, *Collection de jurisprudence*, art. notaires.

(5) Il se qualifie « d'ancien chanoine d'Auxerre. » Voyez plus loin des extraits de cette lettre.

dait sa charge onéreuse, en 1671, il commet pour le remplacer, et avec l'autorisation du grand-aumônier, son parent P. Bombille, alors curé d'Accolay (E 694).

Plusieurs des notices qu'il rédigea sur cet objet, destinées à l'évêque André Colbert (1671-1679), concernent les hôpitaux du Montartre et de la Madeleine d'Auxerre, d'Appoigny, de Coulanges-les-Vineuses, de Courson, de Pantenor de Clamecy (1).

On lit sur ces pièces des remarques de Louis Noël qui sont caractéristiques.

A l'hôpital d'Appoigny il ajoute : « Periculum in mora, et ego relictus sum solus ut nuntiarem tibi. »

A Courson, l'hôpital est ruiné lors du passage des Suisses sous Casimir (2). « Il y reste des terres. Il convient de rétablir l'hôpital et d'y poser deux lits au moins pour recevoir les malades, sinon le grand vicaire du roi, de l'Ordre du Mont-Carmel, s'en emparera bientôt. » Et au-dessous : « Periculum in mora. »

A Coulanges, après avoir signalé les grands abus qui règnent, il ajoute : « Periculum in mora. Fait, 3 février 1679. »

Jusqu'ici nous n'avons pour ainsi dire esquissé la physionomie de Louis Noël que comme homme public. Cherchons maintenant à le connaître comme érudit, comme « curieux. »

Et d'abord, arrêtons-nous sur sa bibliothèque. Le catalogue de la bibliothèque publique d'Auxerre renferme dans ses différentes séries, et notamment dans la série C (Histoire), un certain nombre d'articles ayant appartenu à Louis Noël dès l'an 1628. Ce ne sont pas des livres sans valeur. Signalons-en quelques-uns qui montrent chez leur possesseur un goût prononcé pour l'antiquité :

C. Collection départementale n° 11. — Héliodore gréco-latin 1 vol. in-8° (an 1629).

C. 1495. — Un Taciti historiæ, an 1527, in-8° (an 1628).

C. 1458. — Les Commentaires de César ; Bâle, 1528, in-8° (an 1652).

C. 738. — Notitia Ecclesiarum Belgii de Mireus 1630, in-4°.

C. 761. — Pontificium Arelatense, etc., a P. Saxio, 1629, in-4°.

C. 738. — Agématologie, c'est-à-dire discours de l'Assemblée du Chapitre provincial de la province de France, Or. Fr. Prêcheurs, célébré à Chartres, par N. Lefevre, religieux, Angers, 1625, in-8°. — Don de l'auteur à L. Noël-Damy en 1635.

(1) H 1672.
(2) Les Suisses de Jean Casimir, duc de Deux-Ponts, appelés par le roi de Navarre et le prince de Condé, en 1575, après le siège et la prise de Saint-Verain, se portèrent jusqu'auprès d'Auxerre, et ravagèrent les pays sur leur route et Courson notamment.

La bibliothèque du Chapitre, détruite par les Huguenots en 1567, n'avait pas été restaurée, lorsqu'en 1636 Louis Noël, frappé de ce triste abandon, demanda à ses confrères d'y porter remède, et offrit de s'y employer. Le chapitre accueillit sa proposition et lui assigna la salle du petit chapitre pour y installer la nouvelle bibliothèque. Mais par un trait qui lui fait peu d'honneur, il se défendit de contraindre ses membres à y coopérer « laissant messieurs libres de contribuer à la confection de la dite bibliothèque, ainsi chacun à sa volonté. » (Lebeuf, *Preuves de l'Histoire d'Auxerre*, n° 298, copie de délibération délivrée à L. Noël.)

Louis Noël est alors dans toute l'ardeur de la jeunesse. L'exemple des grands chercheurs comme son ami Duchesne, comme les Camuzat et les Desguerrois, de Troyes ; le goût élevé des évêques Dominique Séguier, P. de Broc et N. Colbert, sous lesquels il vécut surtout, le portaient de plus en plus aux études historiques.

Une lettre qu'il écrivait, dès 1638, à son cousin Théodore Oury, de Joigny, prêtre et poète, montre l'intérêt qu'il prend à ce parent qu'il invite en vain à venir demeurer à Auxerre, où un bénéfice pur et simple lui donnerait les loisirs suffisants pour se livrer à ses études (1).

En 1649, un grand et singulier voyageur nommé du Buisson-Aubenay, qui parcourait les différentes contrées pour son plaisir, visitait les monuments et les voies romaines, prenait des notes sur les lieux où il passait, décrivait les villes et les villages, enfin traçait un véritable itinéraire ou guide moderne, qui est resté inédit, était arrivé à Auxerre venant de Troyes et de Tonnerre.

La réputation du chanoine Louis Noël d'être un « curieux », autrement dit un savant dans les sujets de l'antiquité et de l'histoire, le désignait naturellement à notre voyageur, qui sut plaire au docte auxerrois. Ils ne tardèrent pas à parler des antiquités romaines que le P. Vignier venait de visiter (2). Louis Noël ajoute que ce dernier n'est pas de son avis sur l'emplacement d'*Eburobriga*, qu'il met à Saint-Florentin et non à Ervy-le-Châtel. Dans une lettre qu'il lui adressa, et qui est conservée dans les manuscrits de Du Buisson (3), il lui exprime le regret de ne pas lui avoir montré les traces d'un chemin romain qui allait autrefois

---

(1) Coll. M. de la Brulerie à Joigny. Oury devint curé de l'église Saint-Jean de Joigny et mourut vers 1640.

(2) Le P. Vignier, jésuite, auteur de nombreux ouvrages d'histoire sur le diocèse de Langres, mort en 1669.

(3) Voyez pièces justificatives.

d'Auxerre à Vézelay. Il veut parler de la levée de la voie d'Agrippa qui est au sud d'Auxerre. Il lui signale encore une partie de la voie d'Entrains à Gien ; les médailles qu'on y trouve en ce dernier pays, etc.

Malgré cette érudition, Louis Noël proteste de son peu de science sur l'antiquité ; il préfère l'histoire moderne, c'est-à-dire ecclésiastique, car, dit-il, c'est ma profession.

Là-dessus, il déclare qu'à l'exemple de MM. Camuzat (1) et Desguerrois, il poursuit la chronique des évêques de son diocèse ; qu'il aime beaucoup mieux les sceaux des anciens évêques, abbés, ducs, comtes, etc., qui peuvent prendre place dans son ouvrage.

Il continue, dans sa lettre à Du Buisson, et nous révèle qu'il a pris cette bonne leçon « de feu M. André Duchesne, quand il vivoit son bon ami » (2).

Cette lettre si intéressante montre surtout que Louis Noël avait préparé une histoire des évêques d'Auxerre.

Le P. Lelong dit même qu'il en avait publié une partie, mais nous ne l'avons jamais vue (3). Il suivait, de son côté, l'exemple de N. Bargedé et surtout de Dom Viole, prieur de Saint-Germain, ces deux historiens locaux, dont les travaux, qui sont restés manuscrits, ont été conservés, tandis que ceux de Louis Noël, hélas, ont totalement disparu (4).

Il existe, aux archives de l'Yonne, Fonds de l'abbaye de Reigny,

(1) Camuzat est né à Troyes en 1565 et est mort en 1655.

(2) André Duchesne, appelé le Père de l'Histoire de France, tué par accident en 1640.

(3) Le P. Lelong, 2ᵉ édit. de la *Bibliothèque historique*, t. I, 654, nᵒ 10115, cite de Louis Noël deux ouvrages, l'un, la première partie des *Gestes des Évêques d'Auxerre*, aurait été imprimé dans cette ville, in-4ᵒ (s. d.), sous le titre : *Autricum christianum, seu gesta pontificum Autissiodorensium ex ms. codice vulgata, cura et studio Lud. Natalis-ab-amico, canonico Autissiod.* ; l'autre serait intitulé *Litanies*, et aurait été publié vers 1657. Cependant Lebeuf dans ses lettres, voyez ci-dessus note 1, p. 65, dit que « Noël ne publia rien. » Les recherches faites à la Bibliothèque nationale et ailleurs n'ont fait découvrir aucun exemplaire de ces *Gestes des Évêques d'Auxerre*. Ce qui a fait supposer cela, c'est que Louis Noël avait en effet travaillé longtemps à une histoire des évêques d'Auxerre.

(4) Louis Noël eut aussi des relations avec les Bollandistes. Au tome 7 d'octobre, ils font mention de deux volumes manuscrits qui leur ont été donnés par lui le 16 août 1662, savoir :

1ᵒ *Kalendarium ecclesiæ et diocesis Autissiodorensis* ;

2ᵒ Un autre, dont les Bollandistes traduisent ainsi le titre : *Honor et felicitas piæ civitatis Autissiodor. ad normam martyrologii.*

H 1562, un dossier de copies de trente-six chartes, de sa main, datées du xi° au xvii° siècle. C'était le commencement d'un travail sur cette maison. Lebeuf, au dernier siècle, a eu à sa disposition ces pièces et beaucoup d'autres travaux manuscrits préparés par Louis Noël, qui ont dû lui servir très utilement, mais qui ont péri avec tous les papiers de Lebeuf.

Dans son *Catalogue des Écrivains auxerrois* (1), il consacre à Louis Noël une notice sommaire où il reconnaît « qu'il s'appliqua pendant toute sa vie à la recherche des antiquités de la ville et du diocèse, en sorte que pour cela et pour l'éclaircissement des matières liturgiques, hagiologiques, historiques, il étoit en relation avec tous les savans et tous les écrivains de France, lesquels l'ont cité ou lui ont écrit. Cependant, quoiqu'il eût ramassé une infinité de curiosités littéraires, il a fait imprimer très peu de choses. »

C'est ici le moment de parler de la manière de travailler de Louis Noël. Il avait une écriture fine et nette, aux caractères verticaux ou plutôt inclinés vers la gauche. Il consignait sur des fiches distinctes, avec une érudition parfaite, l'objet de chaque charte, ou chaque sujet de recherches (2). La forme en est claire et précise (3).

Trois lettres de notre chanoine, que j'ai eu la bonne fortune de rencontrer (4), nous le font encore connaître sous des aspects divers et intéressants. La première, du 1ᵉʳ août 1656, est adressée au R. P. Dom Gabriel de Vertamont, prieur de l'abbaye de Saint-Benoît de Fleury-sur-Loire, avec qui il était en correspondance suivie. Il lui demande « les noms des anthiens autheurs manuscrits qui y ont esté, autant qu'il sera possible. Pour ce faut rechercher l'ancien inventaire, sinon voir les manuscrits qui restent dans la Bibliothèque du Vatican, pour voir s'il n'en reste à présent aucun mémoire à l'entrée ou à la fin de chaque manuscrit. L'abbé du

---

(1) *Mémoires sur l'histoire du diocèse d'Auxerre*, in-4°, t. II, p. 521.

(2) La signature de Louis Noël-Damy a une forme particulière. Elle est précédée d'une large croix cantonnée de points ; les capitales de grande dimension et l'écriture très lisible grosse à proportion. A la suite du parafe est souvent un chiffre romain indiquant la date de l'année où l'acte a été passé, quand c'est un contrat. (E. 494).

(3) En fait de travaux *rédigés*, je ne connais de Louis Noël qu'un petit mémoire manuscrit pour la restauration de la chapelle Saint-Didier, paroisse Saint-Amatre d'Auxerre, daté de 1635. Il y déploie toute l'élégance de son style en latin et en français. (De mon cabinet).

(4) Ces pièces qui provenaient du cabinet de M. Challe, qui les avait reçues de M. Naudin, notaire à Grandchamps, m'ont été données par notre confrère M. Limosin. Elles avaient appartenu à l'abbé Lebeuf.

Boys en fait mention de quelques-uns dans sa *Bibliotheca Floriacensis*, mais j'ay opinion qu'il y en avoit encores un cent d'aultres bien curieux du temps de ce bon religieux, quand il fit et dressa cet inventaire. »

Il continue à le stimuler à faire des recherches pour aboutir à un bon résultat; puis il termine sa lettre en lui rappelant « qu'il l'avoit chargé de lui faire voir quelques actes concernant le prioré de Saint-Pierre de Gien-le-Viel, afin de reconnoistre s'il n'y a rien qui justifie le nom de *Genabum*, mais qu'il en a sursis l'exécution. C'est de quoi, ajoute-t-il rondement, je vous demande justice par charité. Et en eschange uzez avec franchise de votre très humble serviteur, etc. »

Une seconde lettre, du 2 janvier 1663, adressée à M. Noël, son cousin, bachelier en théologie, professeur en théologie au collége d'Harcourt, à Paris, est plus familière et présente notre chanoine sous un nouveau jour, l'allure railleuse, spirituelle et frondeuse. En voici des extraits. Il lui répond à propos de leur généalogie, « qui, dit-il, a outrepassé de plusieurs quartiers toutes celles des plus nobles, non pas seulement de l'Europe, mais de l'univers, si ce n'est que MM. de Ventadour, de la maison de Lévy, veuillent entrer en contestation, se disant de *tribu Levi*, mais ils n'en ont ni le nom, ni les armes, ni le cry. Autrefois MM. les Miles de Noyers en ont bien voulu s'en vanter, mais le feu pape Pamphilio, Innocent X, portant en ses armes la colombe avec le rameau d'olivier au bec, me semble en avoir plus approché que ces messieurs, qui avoient dans leur escusson un aigle d'or en champ d'azur desploié. »

Il prie ensuite son parent de s'intéresser à un procès qu'il a « contre deux hautz barons de son voisinage (?), qui usurpent le domaine de la plus ancienne chapelle de France, dont il est spolié depuis 30 ans. » Il a manqué perdre son procès faute de titres, « tant les juges de notre présidial sont partisans des haubereaux. »

Enfin il lui recommande son cousin Pierre Bombille, dont il sera encore question dans la suite. Le style ne manque ni d'élégance, ni de dignité, comme on peut en juger.

« M. Pierre Bombille, mon cousin, à présent vostre auditeur et eschollier, vous en a pu toucher quelque mot (1), mais à présent qu'il est attentif à ses leçons, j'ay opinion qu'il n'a pas le loisir de prendre le change; aussy ne le doit-il pas faire puisque il a dessein de faire son profict de vos doctes préceptes, et s'attacher

---

(1) Il fait allusion à son procès.

entièrement à vos ordres pour un long temps. Je vous prie de le vouloir encores protéger en particulier et le reddresser par vos bons conseils, comme il en a grand besoin. S'il y avoit moyen de le placer dans votre collége pour escrire vos leçons au soulagement de quelque seigneur qui n'en veult ou ne peut en prendre la peine, ce luy seroit un grand bien. Il peint à la perfection et entend bien ce qu'il escript. Je laisse le tout à vostre prudence, et reste, monsieur et très honoré cousin, vostre, etc. »

Il résulte de divers actes que Louis Noël jouissait, outre son canonicat, du titre de la cure de Lindry, qui dépendait du Chapitre (1). Il avait un suppléant nommé Chantereau, qui le remplaça depuis 1627 jusqu'après sa mort.

Il fit des recherches statistiques sur ce pays comme on en fait aujourd'hui, et il dressa des Mémoires qui ont été compulsés par le sieur Oudin, géographe du roi, auteur de cartes topographiques de plusieurs paroisses du diocèse d'Auxerre, très intéressantes et restées manuscrites (2).

En voici des extraits : « Église de la paroisse de Sainte-Geneviève de Lindry, l'étendue de laquelle paroisse se voit ci à côté en

---

(1) Le 18 juillet 1659, il baptise, dans l'église Saint-Amatre d'Auxerre, Marie fille de Claude Barbara, laboureur à Lindry, et prend le titre de curé de ce lieu. (Arch. d'Auxerre, paroisse Saint-Amatre).

(2) Oudin (Hugues), seigneur de Massingy, se qualifiait « de géographe et l'un des cent gentilshommes ordinaires de la maison du roi. » Il n'était pas étranger à nos pays car il dressa un plan manuscrit *de la ville d'Auxerre*, donné à la bibliothèque de cette ville par MM. Leblanc-Duvernoy, qui est fort curieux. En voici le titre tout entier :

« Plan de la ville d'Auxerre et carte topographique de ses environs, dressé en l'année 1713, les mois de juillet, août, septembre, octobre et partie de novembre, comme un délassement de diverses recherches très curieuses sur l'histoire de la ville et la géographie du diocèse d'Auxerre ;

« Par Hugues Oudin... (comme ci-dessus), en se promenant et au moyen de ses pas et démarches pour le circuit de la ville, car le surplus est par estimation. » Ce plan, orné de curieuses armoiries anciennes et modernes de la ville, porte 0m85 de haut sur 0m50 de large.

Oudin figure déjà, le 7 mai 1692 et le 24 mars 1695, comme géographe du roi et commissaire des vivres, dans des quittances de la somme de 50 livres pour six mois de 100 livres de rentes, à lui constituées sur les aides. (Bibl. nat., Cabinet des titres, vol. 2175).

Le manuscrit des *Cartes topographiques* dont Oudin est l'auteur, est inscrit sous le n° 128 du catalogue des manusc. de la bibl. d'Auxerre et provient de la bibliothèque de Villenave. On y lit entre autres choses en tête d'une copie d'un *Pouillé d'Auxerre*, p. 115, cette curieuse mention : « Il m'a été prêté par le P. de la Chaise, confesseur du roi, le 3 août 1700. »

figure d'une brique ou quarré oblong, avec ses dépendances, qui sont le bourg et 16 hameaux (1). »

« Les armes de ladite paroisse sont de sinople à la brebis d'argent, devise : *Piqu'entan.*

« A l'entrée orientale de cette paroisse le fonds est sablonneux, mais dans le lieu des Ouches, le sable est doux et mêlé de bonne terre. Ainsi Lindri sur terrain est très bon fonds qui a diverses qualitez, et Lindri soubz terrains est diversifié en bonne terre, sable et marne.

« Dans l'étendue de ladite paroisse sont 25 fontaines ou environ, de très bonne eau, mais celles des Ouches et de Marois font des ruisseaux qui coulent dans les biez des moulins. »

A la suite sont des détails sur les revenus du curé, sur le ressort de la paroisse au point de vue civil et religieux, sur sa distance des paroisses voisines, etc.

Les autres plans de paroisses de ce recueil sont loin d'être aussi intéressants ; ce qui confirme le dire de l'auteur de ces travaux qui attribue celle sur Lindry au curé Louis Noël.

Une dernière lettre, du 21 mars 1678, adressée à M. Olivier, curé de Maligny, montre que malgré son âge avancé et ses infirmités (2), Louis Noël continue à poursuivre ses recherches historiques. Il le sollicite à ce sujet avec instances : « Vous m'avez fait espérer, dit-il, vos remarques sur les paroisses voisines desquelles vous avez eu charge cy-devant ; rappelez-en votre mémoire, notamment Maligny. Je m'assure qu'il y a un bien gros cahier de vos observations avec les additions. Ne vous endormez point sur cet article. Joignez-y encores Maligny sur terre et soubz terre, et vous y trouverez de belles singularitez. »

L'année précédente (1677) il avait vendu à noble Nicolas Richer, avocat au Parlement à Auxerre, toutes ses terres et ses rentes d'Appoigny, provenant probablement de son patrimoine, moyennant 3,981 livres, et à Pierre Bombille, chanoine, son parent, sa maison de la paroisse Saint-Pierre-en-Château (3). Mais celui-ci ne remplissant pas les conditions de la résignation du canonicat faite en sa faveur, en 1674, Louis Noël obtint contre lui une sentence du bailliage d'Auxerre du 17 août 1678, qui l'autorisait à

---

(1) Sur le plan réduit, le territoire de la paroisse de Lindry a, en effet, la forme d'un carré long.

(2) Il était atteint de deux hernies. Le curé Olivier était également avancé en âge, car il occupait la cure de Maligny depuis 1643 et y résida jusqu'en 1684. (Reg. de catholicité).

(3) E 494, familles auxerroises.

rentrer dans son titre : ce qu'il fit, et il jouit de ses droits comme avant sa résignation. Alors Bombille, sans égard ni reconnaissance pour son vieux parent, en appela et gagna sa cause par un arrêt de défense, et demeura chanoine (2 avril 1679) (1).

Enfin, la dernière mention qui soit faite du vénérable chanoine « vétéran » Louis Noël, est du 16 janvier 1680. Le Chapitre conclut alors de prendre énergiquement fait et cause pour lui, en réponse à une assignation pour dette devant l'official de l'évêché (2).

Depuis lors le silence s'est fait sur Louis Noël-Damy, qui est mort, âgé de 87 ans, en 1686. Les nombreux travaux qu'il avait préparés de longue main sur le pays auxerrois ont été perdus (3), et il n'est resté de lui que quelques mots de Lebeuf, que nous avons rapportés, et qui font pressentir toute son érudition et l'étendue de sa science historique. Il nous a donc paru, même à cause de cette perte, mériter de notre part quelques mots de souvenir, comme ayant été dans notre pays un émule des Dom Viole et des Dom Cottron, et un précurseur de notre grand historien.

PIÈCES JUSTIFICATIVES

« *Lettre de Louis Noël, dit Damy, du nom de son oncle, chanoine d'Auxerre, à M. du Buisson, à Paris* (4). »

« Salut et paix en N. S. »   D'Auxerre, ce 3 mars 1650.

Monsieur,

« La seule entrevue que j'ay eue icy de vostre personne en passant, m'a laissé une puissante impression en l'esprit, de vostre mérite et de vostre douce conversation, en sorte qu'après avoir inutilement attendu, ou vostre retour par icy, ou au moins vostre rencontre, j'ay creu estre obligé, pour la décharge de mon cœur, vous faire ce peu de lignes : 1° Affin de vous réitérer les offres de mon humble service ; 2° Advertir que M. de Guinegault aiant maintenant icy prez une petite terre et baronnie nommée Beaumont, si tant est que vostre loisir puisse permettre de vous y transporter (5), me donnant advis de vostre arrivée, je ne manqueray de vous y

(1) Le chapitre ne le voyait pas d'un très bon œil ; il fit même informer secrètement contre lui. (Recueil G 1854).

(2) Tout le sujet de ce paragraphe est tiré d'un Recueil des archives de l'Yonne, G 1854, contenant un relevé des principales conclusions du chapitre aux xviie et xviiie siècles.

(3) Lebeuf parle de piles de papiers, provenant de Louis Noël, qu'il a dans sa chambre à Auxerre. (*Lettres de l'abbé Lebeuf*, t. II, p. 357).

(4) Pièce tirée du t. II des *Voyages en France en 1646*, par Du Buisson-Aubenay. Manusc. H. 2694, Bibl. Mazarine, intercalée p. 14 à l'article Auxerre.

(5) Voir *Voyage d'un archéologue dans le sud-est de la Champagne en 1646*, par du Buisson-Aubenay, publié par M. A. Babeau, *Annuaire de l'Aube de 1886*.

aller veoir, tant j'ay bonne envie de cultiver vostre amitié; 3º Et là je vous feray veoir une mine d'argent ou de cuivre, au pied de la maison, beaucoup plus merveilleuse que profitable; 4º Vous faire sçavoir que M. de S. Raimond, mon bon amy, m'a souvent entretenu en l'année passée de vos mérites recherchés, et invité de vous aider en ce qui sera de mon possible, ce que je luy ay promis de faire comme par effect je vous interpelle de me prescrire vos ordres; 4º Le R. P. Vigner, jésuite, estant icy au mois d'octobre, et considérant attentivement les antiquailles et vieilles murailles que je vous fis voir, fut fort aise quand je luy dis que je vous avois desjà monstré les mesmes choses, mais il regretta, et moy aussy, de ce que je ne vous avois pas faict voir une belle et longue levée d'un chemin romain qui est fort proche de cette ville, par laquelle l'on alloit autrefois à Vézelay. Il ne convient pas avec vous pour l'Eburobriga qu'il estime estre Saint-Florentin et non point Ervy-le-Chastel, mais j'ay de la répugnance pour cette opinion, car je n'y trouve point de preuve. Bien est vray que la belle et grande levée pavée de Tonnerre à Sens passe par le lieu de Saint-Florentin, et de là parmi la forest d'Arce. Sur quoy vous pouvez maintenant former vos conjectures; 5º Je vous donne encore advis d'un grand chemin pavé qui se trouve entier près d'Entrain et tend droit à Gien. Je l'ay considéré attentivement et en faict grand estat. Le lieu de Entrain est fort considérable pour son antiquité. Dans la terre, non seulement dans la ville, mais à l'entour, se trouvent plusieurs belles et grandes médailles romaines. Un nommé M. Naudet, advocat de cette ville, en a faict un grand amas; sa veuve les garde à présent fort soigneusement. Le P. Marguenat, que vous connaissez bien, en a eu grande communication; 6º Pour moy, je ne faicts pas tant profession de l'antienne histoire romaine, comme de la moderne, c'est-à-dire ecclésiastique, car, comme c'est ma profession, après en avoir recherché l'origine dans les antiquitez romaines, je poursuis, à l'imitation de MM. Camuzat et Desguerrois, la cronique d'évesques en évesques, de chacun d'icelle, ainsi que M. Robert a fort bien commencé et que MM. de Sainte-Marthe continuent à présent. J'aime beaucoup mieux les sceaux des antiens évesques, abbez, ducs, comtes, communautez, etc., qui peuvent trouver place favorable et utile en mon ouvrage. J'ay appris cette bonne leçon de feu M. André du Chesne, quand il vivoit, mon bon amy, et en faict bien mon profict. Si vous rencontrez quelques telles pièces avec les anciens tiltres, et qu'il vous plaise de m'en donner communication, je vous rendray volontiers le double. Je cherche, il y a longtemps, la généalogie de MM. de Dinteville, nos évesques, qui vivoient au siècle dernier. Si vous en avez quelque fragment, obligez moy de m'en faire part, ou au moins m'indiquer le lieu où j'en pouray trouver quelque chose de remarquable.

Cette lettre, de la main de *Louis Noël*, n'est pas signée. A la suite, Du Buisson a écrit :

« Cette lettre est de M. Louis Noël, autrement dit Damy, du nom d'un

---

Il venait chez M. de Guénegault, au château de Praslin, et pouvait facilement se rendre près d'Auxerre, à Beaumont.

« sien oncle, chanoine à Auxerre, auquel il a succédé; et a été reçeue à
« Paris le 9ᵉ mars 1650. »

L'adresse porte : Monsieur Monsieur Du Buisson, gentilhomme au logis de Monsieur De Guenegault, secrétaire du Roy, à Paris.

JOUX J.-B.-MAURICE.

En rapprochant les deux personnages qui figurent en tête du présent travail, ce n'est pas que nous ayons voulu les placer sur le même niveau, loin de là : ils n'ont de ressemblance entre eux que par un côté, l'oubli dans lequel ils sont tombés. On ne devra donc voir là qu'une réunion fortuite. En effet, le premier a parcouru une longue carrière, pourvu de dignités ecclésiastiques élevées ; a eu des relations suivies avec les savants de son temps, mais n'ayant laissé que des œuvres manuscrites, sa mémoire est tombée dans l'oubli. Le second, d'une condition plus modeste, après avoir cultivé ses goûts pour les travaux historiques et statistiques, mais d'un esprit présomptueux et mal pondéré, et ayant perdu sa place par la révolution, a cherché par tous les moyens à remplacer les ressources dont il était privé.

On le verra, pendant de longues années, essayer d'utiliser ses connaissances historiques, qui étaient réelles, en faisant des projets de travaux de toute espèce qui n'aboutissaient pas et dont les plans mal conçus n'étaient pas faits pour les faire réussir. C'est de lui que nous allons parler en quelques pages.

Joux J.-B.-Maurice est né à Villeneuve-le-Roi, le 20 août 1763, de Jacques-Maurice Joux, marchand de draps, et de Madeleine Menu. Il fit probablement son éducation au collége de sa ville natale, alors très prospère. Jeune encore, il travaille aux riches archives du château de Chaumot, appartenant au prince de Saxe. C'est là où il prit le goût des choses historiques qui fut le fonds de toute sa vie.

On le voit ensuite, en 1785, employé dans les bureaux de M. Sapey, trésorier des Etats de Bourgogne au comté d'Auxerre (1). C'est dans cette ville, au mois de novembre 1788, qu'il épousa Marie-Geneviève-Elise Guyot, fille d'un marchand, feu Germain Guyot, et de Marie-Elise Houdin. Les mariés entraient en ménage

---

(1) Joux, dans son contrat de mariage se qualifie de « commissaire au Bureau des impositions au comté d'Auxerre. »

avec un avoir très modeste et demeurèrent chez leur mère, qui promit de les loger et de les nourrir moyennant 300 livres par an (1).

Joux avait déjà, en 1787, composé, au moyen des matériaux des archives de la trésorerie et d'ailleurs, un Etat statistique sur le comté d'Auxerre, qui annonçait chez son jeune auteur un prodigieux travail de compilation et devait lui avoir demandé de longues recherches. En voici le titre seulement, car il faudrait une page entière pour donner la nomenclature de tout ce qu'il contient :

« Tableau analytique, etc., description historique et topogra-
« phique du comté d'Auxerre, présenté à MM. les Élus des États
« de Bourgogne, comtés et pays adjacents (2). »

C'est à Mgr de La Fare, évêque de Nancy, l'un des Elus, que Joux fit personnellement hommage de son travail. Il aura l'occasion, longtemps après, lorsque ce prélat sera devenu archevêque de Sens, de lui en rappeler le souvenir.

La révolution ayant supprimé le service du trésorier des États de Bourgogne à Auxerre, Joux se trouva sans emploi. Il essaya alors d'entrer dans l'administration du département où il fut, en 1792, employé par intérim (3) et y travailla quelque temps obscurément. Il n'avait pas abandonné ses recherches historiques qu'il avait déjà commencées depuis longtemps sur le pays ; il avait aussi recueilli beaucoup de chartes et titres divers jetés au vent par la révolution (4), et il compilait les chroniques générales en tout ce qui concernait les pays de l'Yonne, dont il consignait les relevés sur des fiches nombreuses.

Mais tout cela ne faisait pas vivre la famille ; il avait deux filles et avait perdu deux petits garçons. Il se fit alors défenseur officieux devant les tribunaux inférieurs.

En l'an XI (1802), l'ordre social étant tout à fait rétabli par le premier consul, Joux résolut d'ouvrir un bureau d'agent d'affaires

---

(1) Contrat de mariage du 2 novembre 1788 ; étude de Me Munsch.

(2) J'ai recueilli ce tableau (minute) dans les épaves de Joux et l'ai déposé aux archives du département, (C 1). Il a 0m90 de largeur sur 0m60 de hauteur, et est divisé en une infinité de colonnes.

(3) Etat du personnel des employés de l'administration départementale, de 1792 à l'an VIII.

(4) Je possède un registre provenant de l'abbaye Saint-Germain, coté 8, intitulé « Recueil des choses les plus considérables arrivées dans le monastère de Saint-Germain d'Auxerre, depuis l'an 1693 ; » Ce registre avait été acquis par M. Naudin, notaire à Grandchamps, et il provenait de Joux.

universelles, et s'installa, à cet effet, aux environs de la préfecture. Dans le prospectus qu'il compose se montre son esprit alambiqué et rempli d'idées confuses. Son plan comprend tout ce qu'on peut imaginer : affaires administratives ; — affaires judiciaires, civiles et contentieuses ; — affaires commerciales. Chaque paragraphe est l'objet d'un développement énorme de matières C'est tout un ministère !

En l'an XIII, nouveau prospectus sur le même plan et plus pompeux encore dans ses développements.

Entre temps, Joux adressa au préfet du département (1ᵉʳ prairial an XII) une pétition pour obtenir une place dans les contributions des droits-réunis. Il s'y plaint beaucoup de sa misère et des besoins de sa famille. On ne voit pas que sa demande ait été accueillie. Joux, alors âgé de plus de 40 ans, continue son humble métier d'écrivain public, alors plus lucratif qu'il ne le serait aujourd'hui, et celui de défenseur officieux qui le fera vivre pauvrement jusqu'à la fin de ses jours.

C'est ici qu'il faut parler de ce qui le rend intéressant à nos yeux et qui le caractérise sérieusement, c'est-à-dire de ses plans de travaux historiques de toute nature sur le département.

En 1806, il avait trouvé une occasion d'exercer ses talents comme archiviste, et il avait rédigé un inventaire de titres de la commune de Montréal. Ce travail, qui ne comprend qu'un petit nombre de chartes, est un modèle du genre pour le luxe des développements, des divisions et subdivisions ; mais on y voit encore une fois l'esprit subtil et hors de mesure de l'auteur (1). Toutefois, le travail n'est pas mauvais ; Joux y déploie avec luxe ses connaissances dans la diplomatique.

Mais venons aux faits généraux. Joux fit d'abord, en 1807, un prospectus « pour la rénovation et classement méthodique des archives et des bibliothèques publiques et particulières, inventaires et catalogues des anciens titres. »

Il se qualifie « expert-archiviste et défenseur officieux, ayant travaillé avant la révolution dans la partie féodale, à laquelle il joint quelques connaissances judiciaires, administratives et cadastrales, bibliographiques, etc. » Et il ajoute :

« N.-B. Il a recueilli et conservé, depuis vingt-cinq ans qu'il parcourt cette carrière abstraite, une foule d'anciens diplômes, chartes, manuscrits, etc., précieux pour l'histoire du pays, et de nombreux matériaux sur les fastes ou archives historiques ou anecdotiques des familles illustres du département...

---

(1) Archiv. E 587.

« Les honoraires et rétributions se règlent à l'entreprise, à taux déterminé, suivant l'importance des recherches et du travail.

« Il dresse et rédige aussi les catalogues des bibliothèques ; — idem tous relevés de recouvrements successifs et de commerce, livres de rentes, distribution de créances après faillites ou décès, etc. (1) »

Ce prospectus était à double fin car, item, il fallait vivre, et ce n'était pas son bien patrimonial ni celui de sa femme qui pouvaient y aider beaucoup.

Mais le retour des Bourbons parut à Joux une occasion favorable pour recommencer ses tentatives de publications héraldiques et autres. Vers 1816, il composa un nouveau prospectus ainsi conçu :

AVIS A LA NOBLESSE.

« Sa Majesté Louis XVIII ayant daigné rendre l'ancienne noblesse à sa considération primitive, et lui ayant permis, par l'article 3 de la nouvelle charte, de reprendre ses titres, etc.

« Il rappelle qu'il a conservé des titres et chartes intéressant les familles ;

« Qu'ancien féodiste, archiviste et généalogiste, ayant exercé cet art longtemps avant 1785, époque à laquelle il le professait à Auxerre où il s'établit alors ;

« Il prévient MM. les gentilshommes et propriétaires de châteaux, terres et seigneuries, qu'il s'est occupé depuis trente ans d'un travail aujourd'hui considérable, lequel a pour objet, en appliquant la chronologie, la biographie et l'histoire à la géographie et chorographie descriptives, de rattacher les généalogies nobiliaires à ces mêmes châteaux, terres titrées avec fiefs et seigneuries de ce département qu'ils ont possédées ou possèdent encore et qui ont été le berceau de ces familles illustres, éteintes ou existantes... » Suit une phraséologie qui n'en finit pas sur le même sujet et qui se termine par une offre de communiquer aux gentilshommes leurs généalogies et de classer leurs archives, etc., etc.

Joux compose ensuite le plan d'un ouvrage en deux volumes en un, sous le titre de *Dictionnaire*, suivi d'un cours méthodique et élémentaire ayant pour titre :

« Éléments généraux et particuliers de l'art héraldique, généalogique, nobiliaire et diplomatique. » Ce titre prend ensuite au premier volume des proportions fantastiques. L'auteur se donne

---

(1) Il ne paraît pas avoir reçu beaucoup de commandes de la part des intéressés des différentes catégories.

le titre d'ancien féodiste, expert-généalogiste et archiviste. Le fragment du *Dictionnaire héraldique* que possède M. Monceaux est évidemment un premier jet où l'auteur s'essaye à son œuvre. Chaque mot est suivi d'une définition latine et de l'explication française tirée des anciens auteurs.

Mais tous ces beaux plans n'aboutissaient pas. Le moment n'était pas aux études historiques ; les anciennes familles, à peine relevées de leur ruine, ne se préoccupaient guère des souvenirs des ancêtres, et la société nouvelle voyait avec défiance ces projets qui semblaient l'exhumation du passé. Aussi Joux, peu encouragé dans ses efforts, jette-t-il sur un coin d'une de ses feuilles héraldiques cette ligne où se résument sa tristesse et sa désespérance :

« *Consolor me per litteras.*
« Je chasse ma douleur par l'étude. »

Joux ne fit pas seulement des projets de traités héraldiques, de classement d'archives et de bibliothèques. Il avait donné suite, pour le département tout entier, à son premier travail, le seul que nous ayons de lui, le *Tableau analytique et descriptif, etc. du comté d'Auxerre*. Le 1er janvier 1812, il avait dressé un état de situation des travaux de description statistique et historique de toutes les communes du département. Il avait alors confectionné, en première notice historique, 161 communes sur 480. Les almanachs de Sens, Courtépée, D. Morin, les détails historiques de la Coutume de Sens et d'autres ouvrages avaient été mis utilement à contribution.

Dans sa lettre du 12 novembre 1824 à Tarbé, de Sens, imprimeur et éditeur des almanachs de cette ville qui sont toujours très estimés pour leurs notices historiques (*V. Pièces justificatives*), Joux annonce alors son travail comme complet, au moins comme cadre, pour les 480 communes. J'ai vu des débris de ces relevés dans les caisses de papier jetées au fond des caves de l'Hôtel-de-Ville, après sa mort, mais dans un état à décourager le plus intrépide chercheur. Les notes étaient assez sommaires et demandaient des compléments pour que ce travail fût terminé.

Joux, dans son isolement, rêvait encore à d'autres projets que nous avons à peine exécutés avec toutes nos ressources. Il jette sur des feuilles volantes le plan d'une *Bibliothèque historique* et d'un *Cartulaire général du département*. Il recueille des renseignements pour une *Biographie des auteurs et des personnes illustres* et pour un *Armorial de la noblesse du pays*.

Mais encore une fois, rien de tout cela n'a vu le jour.

Nous terminerons cette notice par l'analyse de deux pièces

curieuses : la première, sa lettre à Tarbé (1), de Sens, dont nous avons parlé ci-dessus ; la seconde, qui est une pétition au cardinal de la Fare, archevêque de Sens.

Sa lettre à Tarbé est remplie de remarques historiques à l'occasion des érudits du département qu'il connaît : Boutarel, de Seignelay, De Chomorceau, de Villeneuve, Jacquillat-Despréaux, de Tonnerre. Elle contient des réflexions sur deux personnages d'Auxerre qui y sont fort mal traités, et qui révèlent l'esprit frondeur de l'auteur (2).

Dans sa pétition à Mgr de La Fare, Joux rappelle au prélat l'hommage qu'il lui fit, en 1787, d'un *Tableau statistique sur le comté d'Auxerre.* (Voyez au commencement de la présente notice). Il l'entretient de ses travaux comme généalogiste et archiviste, dont il s'est occupé depuis quarante ans « au milieu des éléments hétérogènes. » Enfin il le prie de lui faire obtenir le titre et emploi de généalogiste de la Chambre des Pairs, ou autre grand corps de l'État, ou tout autre emploi secondaire analogue à ses connaissances, etc.

Le pauvre Joux ne paraît pas avoir réussi dans ses nouvelles sollicitations, et il est demeuré jusqu'à la fin dans son obscurité et dans sa misère (3), regardant tristement ses projets de travaux, ses résumés, ses cahiers de notes. Il s'est consumé en vains efforts qui n'ont pas eu d'échos et que ses modestes ressources ne lui permettaient pas de mener à bien. L'ensemble de son œuvre

---

(1) Joux correspondait fréquemment avec Tarbé. Nous avons vu un brouillon de lettre de 1817, dans laquelle, à l'occasion de la non publication de l'Almanach de Sens de cette année-là, faute de copie, Joux lui exprime ses regrets, et lui offre ses services pour 1818, « ayant de quoi en remplir cent et plus soit en notices historiques et descriptives de communes, soit en anecdotes, soit en notices biographiques ou générales.» (Bibl. Monceaux).

(2) M. Collet, commissaire du pouvoir exécutif pendant la Révolution, qui devint zélé royaliste, et M. Viart, curé de la cathédrale, dont la figure mériterait un beau portrait. — Pièce de mon cabinet. (V. pièces justificatives).

(3) La date et le lieu de la mort de Joux nous sont demeurée inconnus, malgré nos recherches multipliées. Les derniers documents qui font mention de lui montrent son état de pauvreté et de ruine. Le 22 février 1842, une de ses deux filles, Sévigné-Laure, veuve Plichon, bottier à Paris, envoie au greffe d'Auxerre son acte de renonciation à la succession de son père qu'elle déclare « être décédé il y a environ cinq ans, étant alors domicilié à Auxerre. »

Le lendemain, coïncidence singulière, la veuve de Joux, Geneviève-

n'était peut-être pas d'une solidité à toute épreuve ; il y avait bien des lacunes, bien des appréciations douteuses ; quoiqu'il en soit, il nous a paru intéressant de tirer de l'oubli la figure d'un homme qui, sans être aussi bien doué et aussi savant que notre grand Lebeuf, avait cependant un mérite singulier pour son temps et dans le milieu où il vivait (1).

PIÈCE JUSTIFICATIVE

Lettre à M. Tarbé père, ancien imprimeur du Roi, à Sens (2).

Auxerre, le 12 novembre 1822.

Monsieur,

J'ai l'honneur de vous adresser la généalogie de Bragelogne que vous avez eu la bonté de me prêter depuis si longtemps, et qu'il m'était vraiment pénible de vous renvoyer dans les temps, parce que je m'étais engagé dans un travail trop long et trop sérieux, dont la liasse des notes et extraits avait été fourrée et intercalée dans d'autres paperasses lors de mon déménagement, à la suite duquel un peu d'ordre me les a fait retrouver et terminer. J'accompagne mes remerciements d'un million d'excuses pour l'inquiétude et les retards désagréables que ce petit incident a dû vous faire éprouver; aussi, en revanche, ne vous gênez nullement pour renvoyer à un retardataire honteux et coupable mon manuscrit historique des archevêques de Sens, auquel je tiens seulement parcequ'il est écrit en entier de la propre main de feu mon respectable père, et que je l'ai sauvé de celles de l'impitoyable fabricant de cornets à poivre de la place du Samedi (3), assuré que vous pouvez être que je l'ai déjà exploré et quintessencié à souhait.

Enfin, puisque nous en sommes sur le chapitre des retards, et sans vouloir atténuer le mien en opposition avec mon habitude, permettez-moi

---

Elisabeth Guyot, qui demeurait à Paris avec son autre fille Pauline-Elisabeth-Germaine, femme de M. Pimont, garçon de caisse, vendent au sieur Vieilhomme, huissier, un jardin sis au faubourg Saint-Amatre, au Clos-Friquet à Auxerre, moyennant 1200 fr. (Minutes Le Lièpvre, notaire). — Les contemporains se rappellent que ce jardin était demeuré en friche, et que les gamins allaient y prendre leurs ébats.

Le silence des registres de l'état-civil d'Auxerre compulsés de 1842 à 1830 fait supposer, malgré la déclaration de sa fille Sévigné, que Joux est mort à Paris, où sa femme habitait.

(1) M. Monceaux croit qu'outre ses projets de travaux historiques, Joux avait aussi entrepris des recherches botaniques, zoologiques et géologiques sur le département de l'Yonne, dont il possède plusieurs feuillets détachés.

(2) Cette qualification d'ancien imprimeur du roi donnée à Théodore Tarbé, en 1822, n'est pas exacte, puisque Th. Tarbé, qui était imprimeur depuis le commencement du siècle, n'a cessé de l'être qu'à sa mort, en 1848.

(3) A Sens.

aussi, monsieur, de vous observer que vos occupations vous ont sans doute fait oublier de m'accuser, dans le temps, réception d'une petite collection de portraits gravés d'hommes illustres, que j'avais eu l'honneur de vous adresser par l'intermédiaire de ma cousine Sauvegrain, de Sens. Je désirerais seulement savoir si le paquet vous est exactement parvenu. Je vous demandais en échange, si possible, quelques doubles disponibles d'objets ou d'autres portraits de personnages illustres du département de l'Yonne, pour joindre à ma petite collection.

Je viens de recevoir (29 octobre) une lettre de M. Boutarel, juge de paix de Seignelay (1), que vous connaissez, monsieur, et qui me promet, en échange de notes que je lui avais fait passer sur le *Thureau du Bar* (Montagne du Fort), à Madame de Montmorency, et sur les anciens ports de Bassao (Bassou), Léteau et Gerbaut, sur l'Yonne, jadis très fréquentés pendant 1500 ans, et aujourd'hui oubliés; et qui m'a promis, dis-je, de me faire lui-même des extraits de chartes anciennes des XIe et XIIe siècles, qui existent au chartrier de Seignelai, qu'il m'assure être fort curieux. Il doit m'envoyer aussi (il me l'a offert), un vieux manuscrit sur cette belle seigneurie, qu'il présume avoir été dressé par ordre du grand Colbert, dont il vous a fait passer dans les temps quelques extraits.

M. de Chomorceau (2), le Bibliotaphe, mon cher parent, est encore à me restituer mon manuscrit Davier, volume de 400 pp. in-4°, 1723, sur la ville et comté de Joigny, dont j'ai le plus grand besoin; les *Origines* par le chevalier de Buat de Nançay, ouvrage rare et précieux; un manuscrit en vélin, in-8°, du XIIIe siècle, avec peintures, que M. Bernard d'Héry a vu chez moi; un Ovenius (le Martial de l'Angleterre), etc.; des cahiers par Villeneuve-le-Roi, etc., etc., gisent aussi dans le tombeau de Sainte-Anne-les-Courtenai... Il vient, dit-on, d'abdiquer la mairie et de se retirer dans son ermitage... par suite de ses altercats avec M. de Cuming (3) et le voila *usque ad mortem*, électeur du Loiret. Cette lutte scandaleuse entre deux fils de famille qui devaient s'estimer mutuellement, est vraiment pénible pour tous les gens de bien. Dieu fasse donc paix et miséricorde à l'ermite de Sainte-Anne (4), et veuille inspirer surtout au seigneur de 25 mille livres de rente, le prompt désir de restituer à son pauvre diable de parent, des livres précieux et rares, « qu'un petit coin dans son testament » pourrait à peine remplacer.

Un M. Jacquillat-Despréaux (5), demeurant à Tonnerre (adjoint, je crois,

(1) M. Boutarel (Louis-Gilbert), prévot et doyen du chapitre de Tonnerre avant 1790, fut après la révolution régisseur des domaines de la maison de Montmorency et juge de paix de Seignelay. Il a été membre du Conseil général depuis l'an XIII jusqu'en 1825; mort le 9 mai 1831.

(2) M. de Chomorceau, ancien commissaire des guerres, nommé par le roi maire de Villeneuve-le-Roi en 1819, remplacé en 1822, et nommé aux mêmes fonctions en 1830. Mort à Sens, du choléra, en 1832. A laissé de son administration d'honorables souvenirs.

(3) Nommé maire de Villeneuve en 1816; zélé royaliste; a eu une fin misérable.

(4) Propriété de M. de Chomorceau, près de Courtenay.

(5) Jacquillat-Despréaux (Germain-Marin), officier chez la reine, né le 7 février 1766, mort le 23 février 1846. Membre du Conseil général du département de 1818 à 1831; auteur d'une notice sur le comté de Tonnerre (*Annuaire* de 1839).

au maire) et membre du Conseil général du département, est venu me voir, il y a quelques mois : c'est un piocheur littéraire qui s'occupe de l'histoire de Tonnerre, et notamment de la traduction de toutes les chartes concernant la ville et les comtes de Tonnerre. Connaissant parfaitement la maison de Louvois qui possède intactes et presque exclusivement les précieuses archives de l'ancien comté de Tonnerre, vous pourriez, monsieur, par le canal de M. le sous-préfet, votre neveu (1), obtenir de ce curieux de nombreux renseignements sur cette ville et ses anciens comtes ; car, nonobstant la cession de votre imprimerie à M. votre fils, je pense que l'amour du cabinet et la noble passion... vous dominent toujours.

Quant à moi, mon petit travail d'amusement, interrompu quelques mois par la catastrophe de l'infâme Col... (aujourd'hui frère de la confrérie du Saint-Sacrement, du Rosaire, je crois... et autres lieux), et un peu ralenti, dis-je, par les tracas domestiques qui en ont été la suite, vient de prendre une forme plus usuelle et méthodique au moyen de 480 cahiers (un par commune) que j'ai dressés du même format, et qui, sous des titres, divisions et sous-divisions uniformes pour chaque cahier et commune, facilitent à volonté le classement de mes feuilles volantes et matériaux ; de sorte qu'il n'est aujourd'hui aucun de ces titres qui ne contienne ou ne soit prêt à recevoir les éléments qu'il annonce.

En supposant, monsieur, que vous daigniez comprendre mon plan de gribouillage historique, biographique, statistique (précédé encore d'autres feuilles de même format, propres à dresser sous les mêmes titres et divisions la *Description générale*), vous devez sentir combien cet ordre, ainsi établi pour tous et chacun des lieux et communes du département de l'Yonne, doit rendre ce classement aisé et facile, nonobstant quelques obstacles et l'immensité de la matière. J'avoue, monsieur, que le secours de vos lumières m'eût été bien nécessaire dans la formation de ce cadre, mais malheureusement vos excursions dans nos contrées deviennent trop rares ou sont toujours trop brèves.

Un étranger, peintre, historien ou amateur, a dernièrement séjourné une semaine en notre ville, occupé dans toutes les rues, sur toutes les places, et même au dehors, à dessiner tous les monuments publics et particuliers ; vues de la ville sur divers points, etc. Il avait une tablette montée sur un cône de hauteur qu'il piquait entre les pavés. Il n'a pas oublié la belle tour de Saint-Germain, ni les pierres et sculptures antiques que je vous ai fait remarquer, que vous présumez être d'œuvre *étrusque* (2) absolument semblable à la frise du temple de Jupiter quadriforme à

---

(1) M. Baume.

(2) Cette attribution de la sculpture de quatre pierres de forme carrée qui sont encastrées dans le haut de la tour de Saint-Germain, montre l'ignorance absolue où l'on était alors, au moins dans les provinces, sur l'âge et le style des monuments du moyen-âge. Il y a là simplement des entre-lacs et des branches de chêne partant d'un pied central et recourbées, le tout de l'époque carlovingienne. — Il en est de même d'un bandeau placé plus bas de la même face de la tour, et qui représente des paons, des chevaux, des cerfs, etc. Ces sculptures proviennent de l'ancienne église démolie après la date de la lettre de Joux à Tarbé.

Rome, gravée dans les *Antiquités* de du *Choul*, in-folio. Il est resté plusieurs jours devant la cathédrale, puis à Saint-Père, etc. Probablemen qu'il en a fait autant à Sens. J'ignore si c'est pour enrichir quelque nouvelle production descriptive et statistique.

Etranger que je suis moi-même à la courtisanerie, je ne suis point allé percer la foule des flatteurs qui entouraient monseigneur de Sens à ses deux séjours en notre ville, quoiqu'au dernier M. Blanquet, son maître d'hôtel, soit venu me dire de sa part de venir le voir lorsque je lui rappelai la famille Sapey. Je conserve encore un *Tableau analytique* (statistique du comté d'Auxerre) que je lui dédiai en 1788, comme l'un des Élus généraux des États de Bourgogne. Il avoit même appelé pour l'imprimer M. Fournier qui n'eut point de presse assez grande.

Vous avez dû, monsieur, reconnaître l'aimable prélat tel que je vous l'ai dépeint dès sa nomination en 1817. Sa réponse : « ministre de paix et de miséricorde, nous vous recommandons.., etc. (Voyez p. 12 lignes 22 et suivantes), à la capucinade ligueuse du petit Boniface VIII d'Auxerre (1), caractérise le prélat autant qu'elle lui a ici gagné tous les cœurs. Monseigneur n'a point entendu ou n'a peut-être point voulu entendre un assistant crier à la fin de la phrase au doyen rural : « attrape ! ».

J'ai bien prié M. Blanquet, qui m'a dit être connu de la maison Tarbé, de me procurer quelque jour la satisfaction de lui présenter mes hommages.

Agréez, Monsieur, celui de ma parfaite considération.

Joux,
rue du Champ, n° 1.

---

(1) Le cardinal de la Fare, archevêque de Sens, nommé en cette qualité en 1817, prit seulement possession de son siège le 31 octobre 1821, et vint, le 10 décembre suivant, visiter son église d'Auxerre. Il fut reçu avec beaucoup de solennité, et M. Viart, curé-doyen de la cathédrale, lui adressa un long discours rappelant les souvenirs, la puissance et la gloire de l'Église d'Auxerre. L'archevêque qui connaissait l'état des esprits dans cette ville, fit appel, dans sa réponse, à la paix, au pardon des injures, adjurant d'oublier les anciennes haines et les projets de vengeance, etc., etc. C'est à quoi Joux fait allusion. (Broch. in-4°, 15 pp., intitulée : *Relation de ce qui s'est passé à Auxerre, tant à l'arrivée que pendant le séjour de Monseigneur l'archevêque*, impr. de Fournier, 1821. (De ma collection.)

www.ingramcontent.com/pod-product-compliance
Lightning Source LLC
Chambersburg PA
CBHW070523050426
42451CB00013B/2821